VENTE

du Mardi 24 Avril 1900

HÔTEL DROUOT, salle n° 8

à 2 heures

PEINTURES

ESTAMPES anciennes & modernes

DESSINS

MINIATURES

ÉVENTAILS

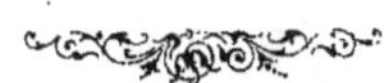

Mᵉ Maurice **DELESTRE**, Commissaire-priseur
5, Rue St-Georges

M. Loys **DELTEIL**, artiste graveur, expert
67, Rue Ste-Anne

VENTE

du Mardi 24 Avril 1900

HOTEL DROUOT, salle n° 8

à 2 heures

PEINTURES

ESTAMPES anciennes & modernes

DESSINS

MINIATURES

ÉVENTAILS

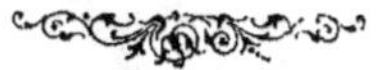

Mᵉ Maurice **DELESTRE**, Commissaire-priseur
5, Rue St-Georges

M. Loys **DELTEIL**, artiste graveur, expert
67, Rue Ste-Anne

CONDITIONS DE LA VENTE

Elle sera faite au comptant.

Lee acquéreurs paieront *cinq pour cent* en sus des adjudications.

M. Loys Delteil, remplira les commissions que voudront bien lui confier les personnes ne pouvant y assister.

MM. les amateurs pourront visiter la collection, *67, Rue Ste-Anne, les 20, 21 et 23 Avril, de 9 h. à 4 heures.*

DÉSIGNATION

PEINTURES

Anonymes

1 — Portrait d'Homme à collerette (Ecole Hollandaise ?). Toile. H. 750 mill. L. 585.

2 — Portrait de P. E. Josse, 1807. Toile. H. 590 mill. L. 490.

3 — Portrait de Femme, en buste. Toile ovale. H. 590 mil. L. 480.

4 — Paysage d'Automne. Encadré. Toile : L. 370 mill. H. 320.

Boulangé (L.)

5 — Coucher de soleil ; soir d'Hiver. Signé. Encadré Toile : L. 520 mill. H. 390.

Corot (attribué à)

6 — Etude de Femme accoudée, à corsage rouge.

Ecole Française (XVIIIᵉ sièclé)

7 — Portrait d'Homme de 3/4 à droite. Toile : H. 620 mil. L. 510.

Knauss (L.) ?

8 — La Bande joyeuse. Bois : L. 350 mill. H. 290.

Noel (attribué à)

9 — Marine. Encadrée. Toile : H. 390 mill. L. 310.

Raphaël (d'après)

10 — Psyché présentée à l'Olympe. Copie ancienne. Encadrée. Cadre orné. Toile : L. 850 mill. H. 350.

Restout (attribué à J. B.)

11 — Tête de Vieillard. Toile : H. 590 mill. L. 490.

Rousseau (Théodore)

12 — Les Buttes-Chaumont, pris de la berge du Canal St-Martin à la hauteur de la Douane. Très curieuse esquisse exécutée vers 1846, chez Félix Pyat, et d'un haut intérêt pour l'Histoire de Paris. Toile : L. 1 m. 15. H. 950 mill.

Tassaert (Octave)

13 — La Vierge et l'Enfant-Jésus dans une gloire d'anges. Encadrée. Toile : H. 390 mill. L. 270.

Véron (A. R.)

14 — Dans la Gorge-aux-Loups (Forêt de Fontainebleau). Signée. Encadrée. L. 370 mill. H. 275.

15 — Une Ferme à Gasny-en-Vexin. Signée et datée : 1854. Encadrée. Toile, même dim.

16 — Une Mare à Gasny en Vexin. Signée et datée : 1854. Encadrée. Toile : L. 520 mill. H. 380.

AQUARELLES & DESSINS

Anonyme

17 — Deux Femmes orientales secourant un naufragé. Grande aquarelle avec rehauts de gouache.

Baudouin (d'après P. A.)

18 — Le Matin. Aquarelle par J. Beuchot.

Bonheur (attribué à Rosa)

19 — Etudes de Bœufs, Biche, Béliers, Moutons. Sept dessins à la mine de plomb, au crayon noir ou sanguine.

20 — Etudes d'âne, renard, chèvre. Paysage. Six dessins.

Bril (attribué à Paul)

21 — Paysage. Signé. Encadré. L. 520 mill. H. 410.

David d'Angers

22 — Portraits-charges : Regnault, Hersent, peintre, Galle, graveur en médailles, Quatremère, Anonymes. Sept dessins à la plume, signés.

23 — Projets divers : Tombeau de Mme d'Abrantès — Médaille au Commerce — Etudes de nu. Huit dessins Huit dessins on croquis, signés.

Divers

24 — Ornements et motifs décoratifs. Six dessins attribués à J.G. de Lafosse et autres.

25 — Sujet religieux — Vénus et les Amours — Les deux Amants. Trois dessius attr. à Ann. Carrache et au Dominiquin.

26 — Apollon et le serpent Python — Ruines de St-Maur — Etudes diverses. Neuf dessins par J. G. Wille, Fragonard fils et autres.

27 — Josué — Le Serpent d'airain — Les Ruines romaines Etudes et croquis divers. Seize dessins, par Natoire, Parrocel, St-Aubin et autres.

28 — Triomphe de Vénus — Esaü et Jacob — Etudes diverses. Neuf dessins par ou attribués à Polidore, Farinati, P. Vecchia.

29 — Une Lecture attachante. par E. A. Coulon — Etude draperie, par Heim — Croquis attr. à Charlet, le 1er signé

Fichel (Eugène) ?

30 — La leçon de Dessin. Jolie aquarelle. Encadrée.

Le Moine (J. B.)

31 — Femme étendue, étude de draperies. Beau dessin au crayon noir avec rehauts de blanc. Encadré.

Miniatures du XVIIIᵉ siècle

32 — Louis XIV ? sous la figure de l'Enfant Jésus tenaut la Croix. Miniature sur vélin.

33 — Ste-Geneviève gardant des moutons, Miniature sur vélin.

Nicolle (V. J.)

34 — Vue de la Ville et forteresse de Savone — Vue de la Ville de Noli. Deux très fines aquarelles de forme ronde, faisant pendants. Sous verre. Diam. 0,72 mill.

35 — Vues de Rome : Temple de Titus — Château St-Ange — Le Belvédère — Le Pont Sixte. Quatre très fines aquarelles, encadrées : au verso, légendes écrites par Nicolle. L. 0,90 mill. H. 0,60.

Séchan

36 — Décoration de Palais. Superbe dessin à la plume, lavé de Sépia.

Watteau (Ant.) ?

37 — Concert champêtre, composition de six personnages. A la sanguine et au crayon noir sur papier huilé.

38 — La Promenade, sanguine sur papier huilé.

Weirotter (attribué à)

39 — Paysages avec Chaumières. Quatre dessins à la plume, lavés de bistre.

MINIATURES

Chabanne

40 — Portrait de Femme' de l'époque du Iᵉʳ Empire. Signée

Noel

41 — Portrait de Femme de l'époque romantique. Signée.

Theer (Robert)

42 — Portrait d'un Compositeur, grande miniature, signée *Robert Theer Wien*.

Anonymes

43 — Portrait de Personnage du temps de Louis XIV. Sur cuivre.

44 — Portrait de Femme de l'époque Louis XV.

45 — Portrait de Femme, avec coiffure de la même époque.

46 — Portrait de Femme (D^{sse} de Mailly?) sur cuivre.

47 — Portrait de Femme (Marie Leczinska?).

48 — Portrait de Femme de l'époque de la Restauration.

49 — Portrait de Femme en buste, dans des nuages.

50 — Portrait d'Homme de l'époque Louis XV, tabatière.

51 — Portrait d'Homme de la même époque.

52 — Portrait d'Homme, de l'époque Louis XVI.

53 — Portrait d'Homme de la même époque.

54 — Portrait d'Homme (André Chénier ?)

55 — Portrait d'Homme de la même époque.

56 — Portraits d'Hommes, de l'époque de la Restauration.

57 — Portrait d'Homme de l'époque du Directoire, de 3/4 à droite.

58 — Portrait de la même époque, tourné de 3/4 à gauche.

59 — Autre portrait, vu de face. Miniature carrée.

60 — La Tempête — Le Naufrage. Deux anciennes miniatures de forme ronde, d'après J. Vernet.

61 — Les Trois Grâces — Sujets gracieux. Trois compositions de forme ronde de la fin du XVIIIe siècle, aquarelle avec rehauts de gouache. Encadrées.

ESTAMPES

Allais

62 — Exposition du corps de Le Pelletier St-Fargeau sur le piédestal de la ci-devant statue de Louis XIV. Très belle épreuve. Rare.

Berr

63 — L'Amour à Paris. Titre et 20 lith., coloriées, cart. de publication.

Bonnet, Demarteau et autres

64 —. Le Marchand de Tisanne et la Laitierre — Jeune Femme, d'après H. Fragonard — Le Soldat, le Major — Le Petit Maître, l'Ecuyer — Femmes orientales — Femmes en buste, d'après Courtois. Neuf pièces, impr. en sanguine.

65 — Sujets divers et Paysages. Dix-sept pièces, impr. en sanguine.

Boucher (d'après F.)

66 — Triomphe de Pomone — Triomphe de Priape — Hommage champêtre — Rocaille. Quatre arabesques in-fol. par Cochin fils et Duflos,

67 — Les Amants surpris — Le Panier mystérieux — Les Confidences pastorales — Retour de chasse de Diane, etc. Treize p.. par Duflos, R. Gaillard, Demarteau, Le Bas.

Bréa (de)

68 — Mlle Renaut l'aînée, 1785. In-4. Bonne épreuve en couleurs.

Chardin (d'après J. B. S.)

69 — Le Château de cartes, par S. Duflos (E.B. 11, B). Belle épreuve.

Charon

70 — Desaix, d'après Martinet. In-fol. Bonne épreuve, imp. en couleurs.

Cochin fils (d'après C. N.)

71 — Frontispice de l'Encyclopédie, par B. L. Prevost. Deux très belles épreuves, une très rare à l'état d'eau-forte pure.

Corot. Decamps, Dupré

72.— L'Etang de Ville d'Avray (A. R. 3) — Paysage d'Italie (7) — Village de Turquie (A. M. 19) — *Une pauv' petite préfecture...* — Pacages du Limousin. Six pièces. Très belles épr., deux sur chine et deux coloriées.

Costumes

73 — *Saxon Dragons — Hessian Hussards.* Deux p., in-fol., par G. Ziegler. d'après C. Gessner, 1799. Belle épr. en couleurs. Rares.

74 — Costume Parisien (recueil de *Lamesangère*). An 9 à an 11 (Pl. 268, 321, 355, 368, 411, 416, 417, 439, 440, 443, 448, 457, 473, 476, 478, 487, 490, 491, 495). Vingt p. Belles épreuves, coloriées.

75 — Costume Parisien. Années 1806-1807. Trente-sept pl. Belles épr. coloriées.

76 — Costume Parisien. Années 1808-1811. Soixante-dix pl. Belles épreuves, coloriées.

77 — Costume Parisien. Années 1813-1824. Soixante-treize pl., la plupart dessinées par H. Vernet. Belles épreuves coloriées.

78 — Costume Parisien. Années 1825-1827. Trois-cent-vingt pl. Belles épr. coloriées, plusieurs doubles.

79 — Costume Parisien. Années 1828-1829. Trois-cent-trente pl. Belles épreuves coloriees, plusieurs doubles.

80 — Costumes des Théâtres de Paris, publiés par Martinet (pl. 1 à 100). Cinquante-six pl. Belles épreuves coloriées.

81 — Costumes des Théâtres de Paris (pl. 101 à 200). Quatre-vingt-douze pl. Très belles épr. coloriées.

82 — Costumes des Théâtres de Paris (pl. 201 à 300). Quatre-vingt-neuf pl. Belles épreuves coloriées.

83 — Costumes des Théâtres de Paris (pl. 301 à 400). Quatre-vingt-quinze pl. Belles épr. coloriées.

84 — Costumes des Théâtres de Paris (pl. 401 à 500) Soixante-douze pl. Belles épr. coloriées.

85 — Modes de Paris. Vingt-trois petites pl. par Gatine, d'après H. Vernet. Très belles épreuves, coloriées.

86 — Costumes militaires (2e Empire et 3e République). Trente pl. par Lalaisse, la plupart coloriées.

87 — Costumes militaires. Garde Royale. (Restauration). Dix-huit pl., par Carle Vernet.

88 — Coiffures — Modes anciennes et modernes — Travestissements. Cent-trente-cinq pl., par Gatine, d'après Lanté. Très belles épr. coloriées, plusieurs doubles.

89 — Costumes militaires, Allemands, Russes et Espagnols. Quatre-vingt p., par Jazet, Demorange, V. Adam. Belles épreuves, coloriées.

Dalen (C. van)

90 — Lucrèce Borgia, d'après Titien. In-fol. Belle épreuve.

Daumier (Honoré)

91 — Rue Transnonain, 15 avril 1834. Belle épreuve.

Daumier et Gavarni

92 — Actualités — Les Parisiens en 1848 — Les Lorettes etc. Trente-cinq pièces.

Debucourt (P. L.)

93 — Le Cosaque galant, d'après C. Vernet. Belle épreuve, coloriée.

Devéria (Achille)

94 — Lafayette (le Gal) — Gal Foy — Casimir-Périer — Benjamin Constant — Ant. Dubois — A, du Sommerard. Neuf p. Belles épreuves.

Divers

95 — Compositions allégoriques pour THÈSES. Quinze p, in-fol. et grand in-fol.

96 — Lé Déménagement du Clergé — Les Pardons que gagnent les Confrères de N.-D. de Montserrat — L'Éléphant de la Bastille, etc. Huit pièces.

97 — Scènes de l'Ancien et du Nouveau Testament. Soixante-dix p., par L. Heckenauer, Wolfgang, B. Kilian et autres.

98 — Emblêmes — Armoiries — Emblêmes funéraires. Environ 500 p., par M. Tyroff, Wolfgang et autres.

Dixon (J.)

99 — Le Doreur, d'après Rembrandt. Manière noire in-fol. Belle épreuve avant la lettre, petites restaurations.

Doré (Gustave)

100 — Sujets divers. Seize lith. du Musée Français-Anglais tirées à part.

Eaux-fortes modernes

101 — Sujets divers — Paysages et Animaux. Vingt p., par Eug. Delecroix, Ribot, Ch. Jacque, Jacquemart. Bracquémond. Boilvin, etc.

Ecole anglaise

102 — La Poésie — Les 4 Heures du Jour — Betsy in trouble — British plenty. Sept p., d'après A. Kauffmann, Singleton, Russell, 2 imp. en couleurs.

103 — Sujet gracieux. Pièce de forme ovale, imp. en couleurs.

Ecole ancienne

104 — Jupiter et l'Amour, par Marc-Antoine, d'après Raphaël — Trois animaux fantastiques, par Marc de Ravenne — Vénns et l'Amour, par Lucas de Leyde. Trois p. Belles épreuves.

Ecole Française

105 — L'Epouse indiscrète — Les disciples de Flore — La Ratisseuse, etc. Dix p., d'apr. Baudouin, Chardin. Watteau et autres par N. Delaunay, Tardieu, Flipart, etc.

106 — Au moins soyez discret — Comptez sur mes ser-
ments — L'Amour ingédieux — Il dort ! — Le Coup de
vent — Vénus sur les eaux — L'Education de l'Amour
(suite de 4 pl.) — La Danse villageoise. Douze p., par
St-Aubin, Regnault, Cazenave, Bouillard, St-Non, 3
impr. en couleurs.

107 — Sujets gracieux et Paysages. Vingt-huit p., d'après
Bailly, Le Prince, Moreau, H. Robert, etc., plusieurs
impr. en couleurs.

Fragonard (d'après H.)

108 — La Gimblette, par Beitony. Epreuve ancienne.

Fréudeberg (d'après S.)

109 — La Complaisance maternelle — La Gaieté conjugale
La Félicité villageoise. Trois p., par N. Delaunay et
Delignon.

Gaultier (Léonard)

110 — Portraits dits de la *Chronologie collée*, suite
complète de 144 petits portraits montés sur 9 feuilles ;
on y a joint le texte biographique des personnages
édité par J. Le Clerc.

111 — Soixante-dix p. de la même suite ; belles épreuves.

Gigoux (Jean)

112 — Gérard (Bon) (H. B. 118). Très belle épreuve avant
la lettre sur chine, piquée.

113 — Murat (Caroline), en pied, assise (H. B. 147). In-fol.
Très belle épr. sur chine, légèrement piquée. Fort rare.

114 — Sigalon, en pied — Anonyme — Bourbon (Ch. duc
de) — Anne de France — Sujets de genre. Huit p., 3
sur chine.

Greuze (d'après)

115 — La Bonne Mère — L'Occupation paisible — La Vertu
chancelante — L'Heureux ménage, Quatre p., in-fol.,
par Massard, Cars et anonymes, une encadrée.

Huet (d'après J. B.)

116 — Le Matin, par Demarteau, impr. en deux tons. Encadrée.

Jacquemart (Jules)

117 — Reproductions de reliures, la plupart du XVIe siècle Vingt p. Très belles épreuves. On y a joint 47 pl., médailles, antiquités (au trait). En tout 67 pièces.

Janinet (J. F.)

118 — Vénus sur les eaux, d'après Charlier. Très belle épr. impr. en couleurs, sans marges. Encadrée.

Jazet

119 — Bivouac des Cosaques, aux Champs-Elysées, le 31 Mars 1814, d'apr. Sauervcid. In-fol. Très belle épreuve impr. en deux tons, à toutes marges.

Kraus (d'après G. M.)

120 — La Gayeté sans embarras — La Chaufferette. Deux p., in-fol., par Le Vasseur, faisant pendants.

Lavreince (d'après N.)

121 — Le Billet doux — Qu'en dit l'Abbé (E. B. 10 et 51). Deux pièces par N. De Launay, faisant pendants. Epr. anciennes.

Leu (Thomas de)

122 — Henri IV (R.D. 401) — Jeanne d'Albret (422 1er état) Deux p. Belles épr. à grandes marges.

123 — François II (R.D. 373) — Charles IX (338) — Henri III (393 2e état). Trois pièces. Belles épreuves.

124 — Médicis (Catherine de Médicis) (R.D. 332, 2e et 3 états) — Eléonore d'Autriche (357) — Louise de Lorrainne (441). Cinq p. Belles épreuves.

125 François, Dauphin — Anne de Joyeuse — Blaise de Vigenère — Charles, connétable de Bourbon — Duc d'Epernon. Treize pièces.

Leu (Th. de) et Gaultier (L.)

126 — Marguerite de Navarre (R.D. 457, 2ᵉ état) — Marie-Stuart — Catherine de Médicis (332, 2ᵉ état). Trois p. Belles épreuves.

Levachez

127 — Bonaparte, 1ᵉʳ Consul; au bas la Bataille de Marengo par Duplessis-Bertaux. Belle épreuve.

128 — Charles Philippe, comte d'Artois, d'après Laplace. Belle épr. impr. en couleurs.

Lithographies

129 — Sujets divers — Costumes, etc. Dix-neuf pièces par Charlet, Raffet, Daumier, Girodet, Gavarni, Grevedon, C. Nanteuil.

Maile (G.)

130 — Ninon de Lenclos, d'apr, Goubaud. In-fol. Belle épreuve en couleurs.

Méryon (Charles)

131 Le Petit Pont (H. B. 38).

Mixelle

132 — Port de Bordeaux, d'apr. Ozanne. In-fol. Belle épr.

Moncornet (B.) et Desrochers

133 — Marguerite de France — Henri II — Montmorency — Et. Pasquier — Catherine de Médicis — Jeanne et Marie d'Autriche — Ferdinand III — Anne de Joyeuse, etc. Quarante p. Belles épreuves.

Monnet (d'après Cl.)

134 — Histoire de Télémaque. Huit p., par Patas et Demonchy. Epreuves coloriées.

Monnoyer (Jean-Baptiste)

135 — Fleurs. Six p., in-4 et in-fol.

Moreau le jeune (d'après J. M.)

136 — Le Lever, d'apr. L. M. Halbou. Bonne épr.

Nelli (Nicolo)

137 — Pie IV — Philippe II — Charles d'Autriche — Charles-Quint — Catherine. reine de Portugal — Alphonse d'Este — Octave Farnèse — Jean Sigismond. duc de Hongrie. Seize p. Très belles épreuves.

Ornements

138 — **LE PAUTRE** (Jean). Vases ornés. Rinceaux — Frises décorations. Vingt-sept pl. doublées.

Paris (Estampes relatives)

139 — Vue perpective de la Fontaine des Innocents, par Carrée, 1790, impr. en couleurs.

140 — *Panorama of Paris, a series of thirty-eight views..* Londres, 1820. Vingt-quatre pl., d'après F. Nash en 1 vol., cart.

141 — *La Colonne de la G^{de} Armée d'Austerlitz.. érigé en bronze sur la Place Vendôme à Paris —* Paris, 1822. Texte et 38 pl., par Ambr. Tardieu en 1 vol. in-4 dem-rel.

Peters (d'après W.)

142 — *Love in her eye sits playing.* In-fol. Belle épr., de la *reproduction,* sur papier ancien.

Pitou

143 — Les Plaisirs innocents. Ovale in-8, impr., en couleurs.

PORTRAITS

144 — Princesse Charlotte de Galles, en pied. Petit in'fol. 1816. Très belle épreuve. Rare.

145 — Bonaparte, 1er Consul — Napoleon, Empereur. Deux portraits équestres publ., par Jean. Trois p. Belles épreuves, coloriées.

146 — Bossuet — Louis XVI — Louise de Savoie — Marie-Thérèse de Savoie — Cte de Provence — Mise du Chatelet — Cte d'Artois. Neuf p., par Edelinck, Savart, Le Beau, Voysard, Dupin fils. Belles épreuves.

147 — Lonis XVI — Marie-Antoinette. Neuf p., par Boizot, Le Beau, Dupin, Hubert, Duponchelle et Mlle Savart. Belles épreuves.

148 — Elisabeth d'Angleterre — Sébastien, roi de Portugal et son Epouse — Anne, femme de Philippe II, roi d'Espagne — Isabelle-Claire-Eugènie, infante — Guillaume d'Este — Philippe III — Dix p., par C, de Pas. van Sichem H. Cock, A. van Bouckel. Belles épreuves.

149 — Ronsard et sa Maîtresse, par Cl. Mellan — Garnier. par Ch. de Mallery — Papire Masson, par L. Gaultier — Richelet, par Picquet — M. de l'Hopital — Ducs d'Anjou et de Guise — Henri IV, par C. David. Dix p. Belles épreuves.

150 — Louis XIII — Anne d'Autriche — Roland de Lassus — Espagne (Elisabeth, reine d') — Bossuet — Arnauld (la Mère Ang.) — Etrurie (Ferd. d') et son Epouse, etc. Treize p. par Sadeler, Edelinck, Daret, Van Schuppen, Kilian.

151 — Jeanne d'Albret — P. de Marcassus — N. Richelet — Ducs d'Anjou et de Guise — Garnier, poëte — De Thou — Catherine de Médicis — Marguerite de Valois, etc. Quatorze p. par C. de Passe, Mallery, M. Lasne et autres Belles épreuves.

152 — Grébillon — Bandieri de Laval, maître à danser — Don Philippe, Infant d'Espagne — L'Epine (G.J. de) — Rousseau (J.J.) — Demours (P.) — Galloche (L.) — Joly. Quinze p. par A. de St Aubin, Baléchou, Beauvarlet, Masquelier et autres, plusieurs en très belles épreuves.

153 — Jean, roi de Lusitanie — Emmanuel, Pce de Portugal
— Philippe II — Don Juan d'Autriche — Charles-Quint
— Marguerite d'Espagne, etc. Quinze p. in-8 et in-4.
Belles épr., plusieurs rarés.

154 — Le Pelletier St Fargeau, par Alix — Anonyme, par
J. Watson d'ap. J. Reynolds. 1770 — Amélie de Solms,
par Suyderhoef — Grandval, par Le Bas, 1755 — Louis
XV, par Wille, etc. Quinze p.

155 — Galerie Universelle : Catinat — Pierre-le-Grand —
Mme Dacier — Mme Du Noyer, etc. Vingt-et-un portraits
par Le Cœur et L.J. Allais, brochés avec le texte biographique.

156 — Espagne et Portugal : Femmes. Isabelle-Claire-Eugénie, infante — Marie-Anne d'Autriche, femme de Philippe IV — Marguerite d'Autriche — Louise de Savoie,
reine de Portugal — Dona Maria, reine de Portugal —
Marie I. reine de Portugal. Trente p., par P. de Jode,
N. Lauvers, Bouttats, Daret, D. Weiss et autres. Belles
épr., plusieurs rares.

157 — Femmes : Mme Roland — Bourgogne (Dsse de) —
Chateauroux (Dsse de) — Marie-Thérèse-Charlotte —
Mme de Pompadour — Nicolle Papillon — Mme Du Barry
Mme Necker — etc. Quarante-deux p. par divers artistes
Belles épreuves.

158 — Personnages célèbres de divers Pays. Cent-quatre-
vingt p., in-8 par Nordheim, Stober et autres. Belles
épreuves.

159 — Espagne et Portugal : Philippe I, II, et III — Pierre II
Charles II — Isabelle-Claire-Eugénie — Jean, duc de
Bragence, etc. Vingt p. par P, de Jode, Edelinck et autres
Belles épreuves.

160 — Espagne et Portugal : Jean V et VI — Charles II et
son Epouse — Catherine de Portugal — Joseph I, etc.
Vingt-deux p. par Larmessin, Gole, Cars, Leoni. Belles
épreuves.

161 — Espagne et Portugal — Souverains et Personnages
divers. Trente-cinq p. par divers artistes. Belles épreuves

162 — Espagne et Portugal — Souverains et Personnages
divers. Cent-cinquante p. Ce no pourra être divisé.

163 — Portraits Français et Etrangers. Soixante-quinze p.

Prud'hon (par et d'après P.P.)

164 — Phrosine et Mélidore — Le premier Baiser de l'Amour
— Le Coup de patte du Chat — L'Amour et l'Amitié —
La Joie — L'Etude guide l'essor du Génie. Six p., par
Prudhon, Prudhon fils, Copia Bellanger, Aubry-Lecomte
Bonnes épreuves, une encadrée.

Puvis de Chavannes (d'après)

165 — Le Pigeon — Le Ballon. Deux lith. in-fol., par E.
Vernier, relatives à la *Guerre de 1870.*

Rembrandt van Ryn

166 — J. Asselyn — Le Jeu de Kolf — Sujets divers. Cinq
pièces.

Shervin (J.K.)

167 — *A View of Gibraltar with the Spanish Battering
Ships on Fire* (1782) — *The Death of Lord Robert
Manners...* 1782. Deux p., in-fol., d'après Shervin et
Stothard.

Téniers (d'après D.)

168 — Guinguette Flamande — Retour de Guinguette.
Deux p. par J.P. Le Bas, faisant pendants. Belles épreuves

Vignettes

169 — Don Quichotte, 7 p. par Tassaert et Lavallée, impr.,
en couleurs — Œuvres de Rousseau, Voltaire, pl. par
Eisen, Moreau, Gravelot. En tout vingt-cinq p.

170 — Iconologie, 18 pl. — Œuvres de Laborde, Rousseau,
Voltaire, etc. En tout soixante p. Belles épreuves plusieurs avant la lettre.

171 — En-têtes et culs-de-lampe pour les Fables de Dorat.
Dix p, par De Ghendt et Le Gouaz, d'apr. Marillier. Très
belles épr.. tirées hors texte.

172 — Onze autres vignettes pour le même ouvrage. Belles
épr. tirées hors texte.

Wheatley (d'après F.)

173 — *Du Croquet de Pain d'Épices !*, par Vendramini, n° 12 des Cris de Londres. Épreuve impr.,en couleurs, restaurée.

Wierix (Antoine)

174 — Isabelle-Claire-Eugénie, Infante d'Espagne — Philippe II — Philippe III. Trois p. rares. Belles épreuves.

Wierix (Jérôme)

175 — Enlèvement d'Amymone, copie d'apr. A. Durer. Belle épr.

Wille fils (d'après P.A.)

176 — Les Joueurs, par L. Romanet. Très belle épreuve avant la lettre. grandes marges. On y a joint une épreuve avec la lettre.

Éventails

177 — Le Triomphe de Flore (Epoque de Louis XV) monture ivoire et nacre.

178 — Le Seigneur entreprenant (Epoque de Lonis XVI), monture ivoire, paillettes.

179 — Eventail de Couvent ? Motif principal : La Madeleine aux pieds de Jésus, monture ivoire.

180 — Eventail Japonais, entiérement en ivoire sculpté; au milieu écusson peint.

Cuivre

181 — Les Ennuyés chez eux (Intérieur du Café Procope), par P.C. Coqueret, d'après C. Vernet.
N.B. On y a joint neuf épreuves.

182 — Sous ce n° il sera vendu quelques lots d'estampes.

Imp. A. Charles, 26, Rue Rambuteau, Paris